Sophus Ruge

Die Entdeckung des Seeweges nach Ostindien durch Vasco

da Gama 1497 8

Sophus Ruge

Die Entdeckung des Seeweges nach Ostindien durch Vasco da Gama 1497 8

ISBN/EAN: 9783744614351

Hergestellt in Europa, USA, Kanada, Australien, Japan

Cover: Foto ©ninafisch / pixelio.de

Weitere Bücher finden Sie auf **www.hansebooks.com**

Die Entdeckung

des

Seeweges nach Ostindien

durch Vasco da Gama 1497/8.

Vortrag,

gehalten in der Gehe-Stiftung zu Dresden

am 9. Oktober 1897

von

Prof. Dr. S. Ruge.

Dresden

v. Zahn & Jaensch

1898.

Es sind jetzt gerade fünf Jahre her, da wurde diesseits und jenseits des atlantischen Ozeans, in der alten und neuen Welt die vor vierhundert Jahren durch Kolumbus erfolgte, aber eigentlich doch zufällige Entdeckung Amerikas gefeiert. Allen voran erschien Spanien einmal wieder nach langer Zeit an der Spitze der europäischen Staatengesellschaft und hatte alle Welt eingeladen, mit ihm gemeinschaftlich das große Fest zu begehen für eine Entdeckung, die es nicht den Talenten des eignen Landes, sondern einem Fremdling, dem Italiener Kolumbus, verdankte. Das Endergebnis war demnach merkwürdig genug. Während sich Spanien in äußeren Festlichkeiten, Schaustellungen und überschwenglichen Lobeserhebungen, in Poesie und Prosa, erging, hatte Italien, das Vaterland des Entdeckers, zwar auch in der Wiege des Kolumbus, zu Genua, eine würdige öffentliche Feier veranstaltet, daneben aber durch ein sehr gewichtiges von den namhaftesten Gelehrten des Landes unterstütztes Sammelwerk, das auf Kosten der Regierung gedruckt wurde, vor aller Welt wissenschaftlich dargethan, daß Italien mit vollem Recht die geistige Urheberschaft der Entdeckung der neuen Welt beanspruche, da die Italiener nicht bloß in dem Seewesen die Lehrmeister fast aller europäischen Völker im Mittelalter geworden waren, sondern auch den Plan zu einer ersten Durchquerung des atlantischen Ozeans entworfen und den Leiter dieser weltberühmten Fahrt gestellt hatten, während Spanien nur die geringen Mittel (etwa 30 000 Mk.) für die Aus-

1*

rüstung der ersten Expedition Colons beschafft hatte. Es er=
klärt sich vielleicht aus diesem litterarischen Siege Italiens, daß
eine neue historische Forschung in Spanien sich, wenn auch
vergeblich, abmüht, die Verdienste des Kolumbus herabzudrücken
und sie seinen spanischen Begleitern oder sogar apokryphen Vor=
läufern zuzusprechen.

Der laute Jubel, den die Kolumbusfeier erregte, ist längst
verklungen und die Augen der Welt sind nur noch gelegentlich
auf Spanien geheftet, um den kläglichen Kampf gegen seine
Kolonien, gegen Kuba und die Philippinen zu verfolgen.

Dagegen erhebt sich nun neben Spanien die alte Rivalin
und Nachbarin Portugal, und fordert auch eine Jubelfeier, die
die ganze zivilisierte Welt mit ihm begehen soll, und zwar die
Feier der Entdeckung des Seeweges nach Ostindien.
Das Programm dieser Feier lag schon am 15. Mai 1894
fertig vor — man sieht, wie sehr man sich beeilte, den Spaniern
nachzukommen — und man beging in der Überstürzung des
Planes auch noch den Fehler, daß man als Nationalfeiertage
schon die Zeit vom 8.—10. Juli dieses Jahres, 1897, be=
stimmte, obwohl der erste dieser Tage, der 8. Juli, wahr=
scheinlich nur den Zeitpunkt bezeichnet, an dem die kleine
Flotte Basco da Gamas von Lissabon ausging, um den Weg
nach Indien zu suchen. Nur ist aber doch klar, daß nur das
Erreichen des Ziels, nicht die Abfahrt, Veranlassung zu einer
geziemenden Feier geben kann. Gama erreichte Indien am
20. Mai 1498. Darum hat man denn auch mit richtiger,
allerdings etwas spät gekommenen Erkenntnis die Feier dieses
wichtigen Ereignisses auf den Mai nächsten Jahres verschoben.
Die Hauptfeier findet natürlich in Lissabon statt. Ich will
hier den wesentlichen Inhalt des Programms mitteilen:

Die Regierungen sämtlicher Seemächte sollen aufgefordert

werden, sich durch ihr Geschwader bei der Jubelfeier zu be=
teiligen; die großen Gesellschaften transozeanischer Schiffahrt
und die Handelskammern und Innungen der hervorragendsten
Seestädte sollen gleichfalls eingeladen werden. Gedächtnismünzen
und Medaillen, auch Briefmarken werden ausgegeben. Dazu
kommen die mannigfachsten Ausstellungen für Künste und Gewerbe,
die buntesten Schaustellungen, auch wissenschaftliche Kongresse.
Endlich sind litterarische Leistungen in Aussicht genommen. Ob
aber in dieser Beziehung das Endergebnis befriedigen wird, läßt
sich erst im nächsten Jahre, nach Schluß der Feier erkennen.

Ist denn aber, so fragen wir wohl zunächst, die Ent=
deckung des Seeweges nach Indien so bedeutend, daß man
dazu nicht bloß das eigne Land bis in das entlegenste Dorf
aufruft, sondern auch alle Seevölker einlädt?

Was Portugal selbst betrifft, so muß man allerdings,
gegenüber der Kolumbusfeier in Spanien, darauf hinweisen
daß zwar im Anfange der Seebewegung in Portugal auch die
Portugiesen bei den Italienern in die Lehre gegangen sind, dann
aber selbständig geworden, unter der Leitung eines Prinzen des
königlichen Hauses nur unter einheimischen Kapitänen ihre epoche=
machenden Seefahrten ausführten, die dann endlich nach fast
100 jähriger Arbeit durch die Fahrt Gamas gekrönt wurden.
So darf man es bestimmt aussprechen: Die Entdeckung des
Seeweges nach Indien ist die eigenste Leistung portugiesischer
Seeleute. Ist denn aber die Auffindung eines neuen Weges
nach einem, wie es scheint, längst bekannten Lande mit der
Entdeckung einer neuen Welt in gleichen Rang zu stellen? Vor
vierhundert Jahren gewiß. Damals hätte König Ferdinand
von Spanien gewiß alles von Kolumbus gefundene Land gern
vertauscht mit den Erfolgen König Manuels von Portugal in
Indien; denn die von Kolumbus verheißenen Schätze Indiens

wollten sich jenseits des atlantischen Ozeans nirgends zeigen, während die portugiesischen Flotten sie in ungeahnter Fülle auf den Markt von Lissabon warfen. Heute denken wir über den Wert der beiden Entdeckungen etwas anders und betonen für Amerika weniger den Reichtum an Edelmetallen, als die un= ermeßlichen fruchtbaren Gefilde, auf denen die immer wachsende Bevölkerung Europas ein doppelt und dreifach so großes Arbeits= feld, als sein eigenes Erdteil war, zum Anbau gefunden hat. Der alte auf das Verdienst des Kolumbus gemünzte Spruch:

Eine neue Welt gab Colon
An Kastilien und Leon

müßte nur dahin verändert werden, daß er den neuen Erdteil nicht für Spanien allein, sondern für ganz Europa entdeckt habe.

Eine so große Nachwirkung hat die That Gamas nicht aufzuweisen; allein sie kann neben der des Kolumbus bestehen, als die in materiellem Erfolge zweitgrößte nautische That. Sieht man aber von dem materiellen Erfolge zunächst ab und fragt nur nach der größten seemännischen That überhaupt, dann müßte man dem ersten Erdumsegler, dem Portugiesen Magalhaens, die Palme reichen.

Gamas That bildet aber ein merkwürdiges Gegenstück zu der Entdeckung des Kolumbus. Dieser beschenkte uns mit einer halben, noch fast menschenleeren Welt; jener setzte uns in unmittel= baren Verkehr mit der halben Menschheit, denn in Indien und China zusammen, das man vor 400 Jahren zu Indien im allgemeinen rechnete, lebt gegenwärtig die Hälfte der ge= samten Erdbevölkerung. Wenn aber dort von jeher die Be= völkerung so dicht wie sonst nirgends war, mußten jene Länder ganz besonders fruchtbar sein. Ja noch mehr: Indien galt, wenigstens vor 400 Jahren, als das einzige Land der Erde, das eine Fülle kostbarer, tropischer Früchte bot. Die Land=

verbindung von diesem fernen nnb fernsten Orient war aber durch den Gebirgsaufbau von Hochasien so erschwert, daß es immer nur einzelnen Personen vergönnt war, von Westen her dahin vorzudringen. Daher auch nur dunkele, fabelhafte Ge= rüchte aus dieser fernen Welt zu uns herüberklangen.

Indien wird, seitdem es Geschichtsschreiber und Erdbe= schreiber giebt, als ein wunderbares Land genannt, ist aber nur einmal, in dem Zeitalter Alexander des Großen, dem Abend= lande näher getreten. Der erste, der von diesem fernen Wunder= lande erzählte, ist Herobot im 5. Jahrh. vor unserer Zeitrech= nung. Wahres und Falsches oder Falschverstandenes läuft in seinem Berichte durch einander, denn er selbst, der weitgereiste Mann, ist nicht bis Indien gekommen. Ihm liegt das Land im äußersten Osten, am Rand der Erde. Denn zu seiner Zeit hatte sich die Lehre von der Kugelgestalt der Erde noch nicht entwickelt; die Erde galt vielmehr als als eine flache vom Ozean umströmte Scheibe. Die im Osten aufgehende Sonne traf zuerst das ihr zunächst gelegene Indien; dann, sagt Hero= bot, so weit bestimmte Kunde geht, sind die Menschen, die zu= nächst am Morgen und Sonnenaufgang in Asien wohnen, die Indier. Sind sie aber der Sonne am nächsten, dann trifft sie ihr heißer Strahl auch am frühen Morgen am kräftigsten, während sie, wenn der glühende Ball abends im westlichen Ozean untertaucht, der Sonne so fern sind, daß sich bittere Kälte bemerklich macht. So nur ist auch der Ausspruch des alten Griechen (Her. III. 104) zu verstehen: „Am heißesten ist die Sonne bei diesen Leuten am Morgen . . ., so daß man vernimmt, die Leute stünden dann ganz im Wasser." — Jeden= falls zur Abkühlung. Übrigens kann auch insofern eine wahre Beobachtung diesem wunderlichen Ausspruch zu Grunde liegen, wenn man an die Arbeit der indischen Bauern in den über=

schwemmten Reißfeldern denkt. Von dieser Hauptnahrung der Inder, dem Reis, hat unser Gewährsmann auch gehört, wenn er erzählt, die Leute äßen eine Art Gras von der Größe der Hirse. Daneben weiß er auch, daß es in Indien unzählige Völker giebt und daß einige darunter nichts Lebendiges töten. Er weiß ferner schon, daß die vorzüglichste Wolle dort auf Bäumen wächst. Außer Reis und Baumwolle wird aber auch unermeßlich viel Gold auf die wunderbarste Weise gewonnen. Die Gewürze nennt Herodot hier noch nicht; aber er steht nicht an zu behaupten, daß den äußersten Enden der Welt über= haupt die kostbarsten Produkte beschieden seien. Dieser Aus= spruch hat durch Jahrhunderte eine mächtige Wirkung gehabt, die sich noch in den Anschauungen des Kolumbus wiederspiegelt und einen wesentlichen Antrieb für ihn bildete, auf einer Fahrt nach Westen den äußersten Osten der Erde aufzusuchen.

In das Licht der Geschichte trat Indien durch die Feld= züge Alexander des Großen und seiner Nachfolger. Griechische Gesandte erschienen an indischen Fürstenhöfen, griechische See= leute drangen bis Ceilon vor. Aber leider befolgten die Maze= donier dieselbe üble Sitte, wie heutzutage die Engländer, indem sie die geographischen Namen entweder veränderten und bis zur Unkenntlichkeit verdrehten oder die einheimischen Bezeichnungen durch selbsterfundene ersetzten. Dazu kam, daß ein Bericht= erstatter den andern tadelte und seinen Angaben widersprach, so daß zu keiner Zeit mehr über die geringe Glaubwürdigkeit der Augenzeugen geklagt wurde als zu Alexanders Zeiten. So blieb Indien das Wunderland, als das es noch im ganzen Mittelalter galt. Die Hauptschuld an den Fabeleien trägt wohl Megasthenes, der als Gesandter des Seleukos Nikator an den indischen Fürstenhof von Pataliputra am Ganges kam und später seinen wundersüchtigen Landsleuten von allerhand

mißgestalteten Menschengeschlechtern, die dort leben sollten, fabu=
lierte. Danach gab es dort Langohren, die sich mit ihren
langen hängenden Ohren nachts vollständig zudecken konnten,
ferner Menschen ohne Kopf, mit einer kleinen runden Mund=
öffnung auf der Brust, durch die man nur summen aber nicht
sprechen konnte, Einfüßer, Menschen mit einem mächtigen
Plattfuße, auf dem sie sich hüpfend fortbewegten und der ihnen,
wenn sie sich auf den Rücken legten, als Sonnenschirm gegen
die Glut des Tagesgestirnes vortrefflich diente. Diese Fabeln,
denen die Gelehrten und Verständigen unter den Griechen er=
folglos widersprachen, fanden im urteilslosen oder denkfaulen
Volke solchen Beifall, daß sie immer wieder erzählt, aus den
griechischen in die lateinischen Beschreibungen übergingen, aus
dem Altertum sich ins Mittelalter hinüberretteten und, natür=
lich nach dem Leben gezeichnet, noch im Jahre 1598 die
Kosmographen unseres ersten deutschen Erdbeschreibers Sebastian
Münster (Seite 1389) zierten. Solche Fabeleien erschwerten
natürlich frühzeitig die wahre Erkenntnis des merkwürdigen
Landes, und doch konnte man schon bald nach Alexanders
Zeit die Halbinselgestalt Indiens erkennen und 200 Jahre
später gab der letzte große beschreibende Geograph griechischer
Zunge, Strabo, eine ausführliche Schilderung des Landes, das
von Egypten her auch von griechischen Seeleuten besucht wurde.
Etwa 70 Jahre nach Christi Geburt wurde sogar ein Hand=
buch für Seefahrer und Kaufleute verfaßt, das sich die Auf=
gabe stellte, alle damals bekannten Küsten des indischen Meeres
mit ihren Handelsplätzen und Produkten zu beschreiben. Dieses
Büchlein, der sog. Periplus (Umfahrt) des erythräischen Meeres,
hat sich erhalten, und wir ersehen daraus, daß dem Verfasser
die Westküste Vorderindiens aus eigner Anschauung bekannt
war, daß er die Ostküste, die auch heute noch weniger wichtig

für den Weltverkehr ist, nur nach Hörensagen beschreibt. Unter den Produkten des Landes hebt er Indigo und Edelsteine hervor und nennt zuerst den Zucker, aber er weiß auch die sehr interessante Thatsache zu melden, daß der Seeverkehr nach Indien sich nicht bloß mit Küstenschiffahrt befaßte, sondern daß man mit Benutzung der regelmäßig abwechselnden jahreszeit= lichen Winde, der sog. Monsune, (d. h. Jahreszeiten) den Weg vom Ausgange des roten Meeres quer über das hohe Meer nach Indien gefunden hatte. Der erste Seemann, der diesen kühnen Schritt, eine hervorragende nautische That, gewagt hatte, war der griechische Steuermann Hippalos gewesen. Nun ging die Fahrt auch über die Halbinsel Vorderindien hinaus und vor der Mitte des 2. Jahrhunderts nach Chr. drang der griechische Kapitän Alexandros sogar bis Kattigara vor. Dieser Seeplatz, über dessen Lage man nicht ganz klar ist, lag minde= stens auf der Ostseite Hinterindiens, wenn nicht gar im süd= lichen China. Alles Land aber hieß Indien und dieser Be= griff dehnte sich dann dermaßen aus, daß man im Mittelalter alles Land von Madagaskar und Sansibar an bis nach China dazu rechnete und, um diese weiten Gebiete zu unterscheiden, nicht bloß von Vorder= und Hinterindien, sondern von einem oberen und unteren, von einem mittleren und einem dritten Indien sprach.

So konnte den schon zur Zeit Karls des Großen der gelehrte Alkuin, der Lehrmeister der Deutschen, die ganze Welt in Europa, Afrika und Indien teilen, wobei das polare Asien, von dem man kaum eine Kunde hatte, an Europa fiel und nur das tropische den Namen Indien erhielt.

Die kostbarsten Produkte Indiens konnten demnach, wenn auch wegen der schwierigen Verfrachtung in nur geringeren Mengen schon zur Zeit der römischen Kaiser nach Italien

gelangen und unter diesen Erzeugnissen fand der Pfeffer so bald
eine besondere Würdigung als Gewürz, daß bei den Germanen,
die mit den feinen Genüssen Roms bekannt geworden waren,
dies Reizmittel indischer Gewürze dem Zucker, der durch Honig
ersetzt werden konnte, vorgezogen wurde. Dafür giebt uns die
Belagerung Roms durch Alarich, den Westgothenkönig, im
Jahre 408 nach Chr. einen merkwürdigen Beleg. Um die
Plünderung der schwer bedrängten Stadt zu vermeiden, forderte
Alarich zur Befriedigung seiner raublustigen Scharen 5000 Pfd.
Gold, 30,000 Pfd. Silber, — 3000 Pfd. Pfeffer. Man
könnte fast glauben, alle drei Artikel seien nach gleichem Werte
bemessen; dann galt ein Pfund Pfeffer damals mehr als ein
Pfund Gold, oder wurde, sprichwörtlich ausgedrückt, wenigstens
mit Gold aufgewogen. Daß der Verkehr nach Indien auch
in dem folgenden Jahrhundert noch lebhaft war, zeigt uns der
Name eines griechischen Geographen aus Alexandrien, der in
der Mitte des 6. Jahrhunderts lebte. Er heißt Kosmas
Indikopleustes, d. h. Kosmas der Indienfahrer, der noch
bis nach Ceilon gekommen zu sein scheint.

Aber ein Jahrhundert später änderte sich die Sachlage,
in sehr ungünstiger Weise durch das Aufkommen des Islam,
der sich im Laufe eines Jahrhunderts von der Straße von
Gibraltar über ganz Nordafrika und Vorderasien bis jenseits
des kaspischen Sees ausbreitete und mit seinem Glaubensfana=
tismus die christliche Welt Europas förmlich umklammerte und
den direkten Verkehr mit Indien sperrte. Daran änderte auch
das gewaltige Ringen des Christentums mit dem Islam in
den Kreuzzügen nichts.

Erst das Aufkommen der mongolischen Weltmacht unter
dem Chagan Tschingis nördlich von den islamischen Ländern
Asiens gestattete, wenn auch zunächst auf Umwegen, wieder

einen Verkehr mit Indien. Denn die mongolische Weltmacht, die sich von der Ostgrenze Schlesiens bis an das chinesische Ostmeer erstreckte, zeigte sich in Glaubenssachen höchst dulbsam und begünstigte nicht bloß Handel und Wandel mit dem Abend= lande, sondern gestattete auch die Predigt christlicher Sendboten und wünschte ausdrücklich unmittelbare Berührungen mit den abenbländischen Wissenschaften.

Unter solchen Einflüssen allein war es dem Italiener Marco Polo nicht bloß ermöglicht worden, quer durch Hochasien bis nach China zu wandern, und dort unter dem Mongolen= kaiser jahrelang eine angesehene Stellung einzunehmen, sondern um 1292 bei seiner Heimkehr sich einem starken Geschwader an= schließen zu können, das im Gefolge einer mongolischen Prinzessin, die den Thronerben in Persien heiraten sollte, von China aus das südchinesische und indische Meer durchfuhr, wobei er Kunde von der Sundawelt einziehen und hinterindische und vorder= indische Häfen anlaufen konnte. Er war nach langen, langen Jahren der erste Europäer wieder, der das Wunderland erreichte. Als Kaufmann erzählt er natürlich von dem regen Handels= verkehr in jenen Gewässern, hebt unter den Produkten Diamanten, Perlen, viel Pfeffer und Ingwer hervor und weiß auch von einer christlichen Sekte, den Thomaschristen zu berichten. Das gab dann dem Haupte der Christenheit, dem Papste, den er= wünschten Antrieb, jene christliche Diaspora in Indien durch Glaubensboten zu stärken. Wenn wir nun unter den Kauf= leuten und Aposteln, die nach Indien hinauszogen, fast aus= schließlich Italiener finden, so bedarf dies einer besonderen Er= klärung.

In Italien hatte sich nach den Wirren der Völkerwande= rung und nach dem Untergange der germanischen Staaten auf der Halbinsel zuerst wieder ein lebhafter Seehandel entwickelt.

Das Seewesen hatte sich mächtig gehoben, der Schiffbau ver-
vollkommnete sich. Pisa, Venedig und Genua dehnten ihre
Handelsbeziehungen immer weiter aus und beherrschten bald
das ganze Mittelmeer. Die Erfindung des Kompasses als
sicherster Leiter auf der dunklen Salzflut, die Herstellung genauer Seekarten, wie sie in dieser getreuen Darstellung noch
nirgends gelungen war, erhöhten die Sicherheit des Seever-
kehrs und gaben den Italienern das unbestrittene Übergewicht
über alle Anwohner des Mittelmeeres. Die Unternehmungs-
lust des Seemanns wuchs so gewaltig, daß schon ums Jahr
1291 die Genuesen Ugolino und Guido Vivaldi den kühnen
Plan auszuführen unternahmen, an der Westküste Afrikas, die
man kaum bis zum Nordrande der Wüste kannte, einen Weg
durchs unbekannte Meer nach Indien zu suchen. Aber jenseits der Küste von Marokko hörte man von diesem Unternehmen nichts mehr, die kühnen Seefahrer waren verschollen
und dienten später nur als ernste Mahnung, von allzuver-
wegenen Plänen abzustehen. In demselben Jahre drang aber
der Sendbote des Papstes, Giovanni Montecorvino über Land
ostwärts durch Persien bis nach Indien vor. 1314 kam
Oderich von Pordenone auf einem ähnlichen Wege bis Ceilon
und Sumatra, ja vielleicht nach Borneo und kehrte 1330 über
China zurück. Den Priestern gesellten sich die Kaufleute zu,
die aber gewöhnlich ihre weiten Reisen als Geschäftsgeheimnis
verschwiegen, so daß nur ausnahmsweise die wißbegierige Welt
etwas davon erfuhr. So war es mit Marco Polo gewesen,
der nur in der Langeweile der Kriegsgefangenschaft kurz nach
seiner Heimkehr, als er in einem Seegefecht den Rivalen seiner
Vaterstadt Venedig, den Genuesen in die Hände gefallen war,
sich herbeiließ, seinem Mitgefangenen die Erlebnisse einer
25 jährigen Wanderung durch Asien zu erzählen und gewisser-

maßen in die Feder zu diktieren. Eine ähnliche Bewandtnis hatte es mit dem Kaufmann Nicolo bei Conti, der sich von 1428—53 in Asien aufgehalten hatte und über Indien bis zu den Gewürzinseln gelangt war — nur Gewissensangst, weil er auf der Heimreise durch Schiffbruch an die arabische Küste verschlagen, seinen Glauben abgeschworen hatte und Mohamme= daner geworden war, um sein Leben zuretten — nur Gewissens= angst trieb ihn, 1453 den Papst um Absolution zu bitten und dabei seine Erlebnisse zu erzählen, die dann der Geheimschreiber des Papstes zu Papier brachte und so der Nachwelt überlieferte. Solche Erzählungen, die so vieles und so unglaubliches von dem fernen Indien, von seinen kostbaren Produkten, von den zahlreichen Flotten und menschenwimmelnden Städten zu be= richten wußten, entzündeten immer mehr das Verlangen nach einem direkten Verkehr zur See mit jenen gesegneten Tropenländern. Aber der Bau der alten Welt, der landfeste Zusammenschluß von Afrika und Asien an der Landenge von Suez ließ eine direkte Verbindung mit Indien nicht zu. Und die Waren, die man über Egypten und Syrien bezog, wurden durch die Zölle, die von den Mohammedanern erhoben wurden, übermäßig ver= teuert. Trotzdem bestand der Handel. Der griechische Kaiser von Konstantinopel und der Papst sahen mit Betrübnis, wie sehr sich die Feinde der Christenheit durch diesen Handel be= reicherten, denn man schätzte den jährlichen Abfluß an Edel= metall auf 300,000 Dukaten, und verboten den Handel. Aber umsonst, die Venetianer waren seit dem 9. Jahrhundert in Egypten thätig und wußten als findige Geschäftsleute auch die strengsten Gebote der Kirche geschickt zu umgehen. Trotz der hohen Zölle warf der Gewürzhandel für sie noch eine gute Summe ab. Sie wußten wohl, daß der Zentner Ingwer in Kalikut in Vorderindien 4 Dukaten kostete, und daß man ihn in Alexandrien mit 11 Dukaten bezahlen mußte: man zahlte und verkaufte auf dem europäischen Markt die Ware doch noch mit Gewinn, denn sie war ja zu sehr gesucht.

Aber daß sich daneben der Wunsch nach einem unmittel= baren Verkehr mit Indien immer lauter äußerte, liegt auf der Hand. Den Aufschlag der Zwischenzölle konnte man selbst verdienen. Es war nur die Frage, wie man zu dem ersehnten Ziele gelangen könne.

Vergegenwärtigen wir uns, wie im 15. Jahrhundert das Weltbild beschaffen war, ehe man Amerika entdeckt hatte. Es haben sich genug Weltkarten und Seekarten aus jener Zeit erhalten, um darüber befriedigenden Aufschluß zu geben. Fragen wir zunächst die Seekarten, die das getreuste Bild der See= küsten gaben, soweit der italienische Handel reichte, so ergiebt sich, daß man in Nordeuropa nur noch das südliche Schweden und Norwegen kannte, aber den äußersten Norden im Dunkeln ließ. An der Küste Westafrikas reichte der Blick um 1434 nicht weiter als bis an das Südende des Atlasgebirges; doch wußte man, merkwürdigerweise, im Binnenlande, jenseits der Wüste, von einer mächtigen Handelsstadt Tenbuch (Tim= buktu). Wie weit sich aber Afrika nach Süden strecke, wußte man nicht; ob es überhaupt ein Ende nehme oder sich südlich vom indischen Ozean umbiege und an das fernste Südostasien anschließe, so daß das indische Meer zu einem Binnensee werde, das war auch nicht erwiesen, darüber gab es nur Vermutungen. Erst seit Marco Polos Rückkehr hatte man auch die sichere Kunde gewonnen, daß der Ozean die Ostseite Asiens bespüle und daß jenseits Chinas noch ein Inselreich Zipangu (Japan) läge. Weiter hinaus lag alles im Dunkeln. Man kann sich vorstellen, daß man bei Betrachtung eines derartigen Weltbildes nicht sehr ermutigt wurde, einen Seeweg nach Indien zu suchen.

Und fragte man vollends die Wissenschaft, die aus dem Alter=
tum überliefert war, um ihre Meinung, dann fiel die Antwort
noch weniger tröstlich aus.

Aristoteles, dessen Lehrmeinungen ihren unbestrittenen Rang
neben der Bibel einnahmen, lehrte, die heiße Zone zwischen
den Wendekreisen sei unbewohnbar, weil in der übergroßen
Hitze weder Pflanzen noch Tiere leben könnten. Für die
Wahrheit dieses Satzes war die Wüste Sahara, die sich durch
die ganze Breite Afrikas erstreckte, der deutlichste Beweis. Wer
wollte denn da noch wagen, an der Westküste Afrikas einen
Seeweg nach Indien zu suchen?

Wären nicht die Mohammedaner die Herren Egyptens
gewesen, dann hätte man den alten Plan des Perserkönigs
Darius wieder aufnehmen können und vom Nil zum roten
Meere einen Kanal graben lassen, um so einen bequemen
Wasserweg vom Mittelmeer nach Indien zu bahnen. Aber
da lehrte Aristoteles wieder, daß rote Meer liege höher als
der Nil, darum habe auch Darius den Kanal nicht vollendet,
denn er hätte sonst durch das Einbrechen der Salzflut vom
roten Meere her ganz Egypten unter Wasser gesetzt und damit
vernichtet. Man mußte also den Plan, in dieser Richtung
jemals nach Indien zu kommen, aufgeben.

Man fand im ganzen Aristoteles nur ein tröstliches Wort
das dahin lautete, es könne vom Ausgange des Mittelmeeres
nach Westen kein zu großer Abstand bis zum äußersten Osten
Indiens (oder Ostindiens) sein. Einen Beweis dafür sah
Aristoteles darin, daß es in Westafrika und Ostasien Elefanten
gab. Man erinnerte sich auch, daß in der Weiterentwicklung
dieses Gedankens der römische Philosoph Seneca geschrieben
hatte: „Wie groß ist denn der Raum, der zwischen der äußer=
sten Küste Spaniens und Indiens liegt? Es wird eine Fahrt

von sehr wenig Tagen erfordern, wenn das Schiff guten Fahr-
wind hat."

Ganz sicher traute man diesem Ausspruche doch nicht und
man hatte recht. Denn italienische Seeleute waren schon bis
zu den Azoren vorgedrungen, hatten aber noch keine Andeutungen
von einem großen Lande getroffen.

Von der Kugelgestalt der Erde war man zwar wieder
allgemein überzeugt, aber den Umfang der Erde kannte man
nicht, wenn auch verschiedene Angaben darüber gemacht wurden.
Darum hatte auch kein Kartograph gewagt, ein Bild von der
ganzen Erde zu zeichnen. Es war immer nur die alte Welt, so
weit sie bekannt war, die man in einen Kreis oder in einen
ovalen Rahmen einspannte. Man wollte auf einem solchen
Bilde doch nur das feste Land mit seinen Städten, Völkern,
Flüssen und Bergen sehen; um die Weite des ungastlichen Weltmeeres kümmerte man sich nicht. Wer wollte denn ins Un-
gewisse hinaus den von Aristoteles angedeuteten Weg nach
Indien wagen?

Es mag mir gestattet sein, zu bemerken, daß dieser Weg
erst dann von Kolumbus am Ende des 15. Jahrh. einge-
schlagen wurde, als ihm sein Landsmann Toscanelli eine Karte
entworfen hatte, auf der zum erstenmal der atlantische Ozean
in seiner mutmaßlichen Breite gezeichnet und ebenso westlich
davon die ferne Küste Asiens unter genauer Bezeichnung der
Breitengrade eingetragen war, so daß der genuesische Seemann
ganz sicher danach steuern konnte, wenn er auch, wie allbekannt,
ein ganz anderes Ziel als das erwartete erreichte.

Aber am Anfange des 15. Jahrh. lag ein solcher Weg-
weiser durchs unbekannte Meer noch nicht vor, und daß ohne
denselben eine ähnliche Seeunternehmung ein verhängnisvolles Ende
nehmen konnte, hatte die Fahrt der Gebrüder Vivaldi 1291 gelehrt.

Nun tauchte aber im Anfange des 15. Jahrh. noch eine
sehr einflußreiche Autorität aus dem Altertum auf, die sich
ebenfalls entschieden gegen die Möglichkeit aussprach, im Rahmen
der Gewässer der alten Welt einen Wasserweg nach Indien
zu finden: das war der letzte große griechische Geograph
Ptolemäus, um 150 n. Chr. Seine Geographie wurde im
Abendlande erst im Anfange des 15. Jahrh. wieder bekannt
und bildete von da an in ihrer festen wissenschaftlichen Methode
zweihundert Jahre lang das wichtigste Lehrbuch für die ge=
lehrte Welt. Und Ptolemäus lehrte: Man kann nicht um
Afrika herumsegeln, denn es hängt durch ein unbekanntes Süd=
land mit Südostasien zusammen.

Die Angaben des Ptolemäus über alle einzelnen Punkte
auf der bekannten Erde waren nach Länge und Breite so
genau angegeben, daß man danach von allen Ländern Karten
zeichnen konnte, die zusammengesetzt sein Weltbild vorführten,
und danach ergab sich, daß der indische Ozean ein geschlossenes
Meer war, in das man vom atlantischen Ozean her nicht
hineinsegeln konnte.

Es standen demnach im Anfange des 15. Jahrh. die
Aussichten, den Seeweg nach Indien zu finden, so schlecht als
möglich; und doch wurden gerade um diese Zeit die Keime zu
jenen berühmten Seeunternehmungen gelegt, die endlich durch
die Fahrt nach Indien gekrönt wurden. Da es sich hier nicht
um eine einzelne That handelt, die nicht, wie bei der Ent=
deckung Amerikas durch Kolumbus, mit einem Schlage im
ersten Anlaufe gelang, sondern die Arbeiten eines ganzen Jahr=
hunderts in sich schloß, so darf ich mich nicht auf die Fahrt
Gamas beschränken, sondern muß die ganze Entstehung und
Entwicklung des Planes zeigen, der durch Gama seinen Ab=
schluß findet.

Diesmals ging, ausnahmsweise, der Plan nicht von Italienern aus, wenn sie auch die Hand mit im Spiele hatten und, ähnlich wie bei Kolumbus, durch neue Auffassungen des Weltbildes wesentlich zur Förderung des Planes beitrugen. Den Seeweg angebahnt und schließlich auch gefunden zu haben, ist, wie bereits in den einleitenden Worten betont ist, lediglich das Verdienst der Portugiesen.

Der Bahnbrecher war der Prinz Heinrich, geboren 1394, den die Nachwelt durch den Beinamen „der Seefahrer" geehrt hat. Er war es, der die Pforten des Weltmeeres öffnete und seinem Lande die Stelle anwies, die ihm nach seiner Weltlage zukam.

Als Großmeister des Christusordens war seine Haupt= aufgabe die Bekehrung der Heiden. Statt sich aber an die zunächst wohnenden Ungläubigen zu wenden, deutete der Prinz die Aufgabe dahin, daß man erst die Heidenländer kennen lernen, entdecken müsse, ehe man sich zu ihrer Bekehrung anschicke.

Als ein glühender Feind des Islam, der noch in Spanien herrschte, und mit dem er vor Ceuta gekämpft hatte, lag ihm vor allem der Gedanke am Herzen, diesen Erbfeind der Christen= heit erfolgreich zu bekämpfen. Nun war es ihm aufgefallen, daß die Mauren in Nordafrika nie Hilfe aus den südlichen Ländern (— Sahara —) erhalten hatten, er schloß daraus, daß dort wahrscheinlich keine Mohammedaner mehr wohnten. War dies der Fall, dann waren jene Völker entweder leichter als ihre nördlichen Nachbarn zum christlichen Glauben zu be= kehren oder wenigstens als Bundesgenossen gegen die Mauren zu gewinnen.

Unter solchen Gesichtspunkten begann nun der Prinz seit 1416 die Vorarbeiten zu seinen weitblickenden Plänen. Auf

2*

der Klippe von Kap Vincent, dem südwestlichsten Vorsprunge von ganz Europa, legte er ein astronomisches Observatorium an, gründete ein Seearsenal, baute sich daneben ein Wohnhaus und benutzte den in der Nähe gelegenen Hafen von Sagres, um hier Schiffe auszurüsten, die die Westküste Afrikas weiter südwärts erforschen sollten. Aber schwieriger als diese Ein= richtungen auf dem Lande zu schaffen, war es, einheimische Seeleute zu finden; denn das Seewesen lag bei den Portu= giesen noch in der Kindheit. Lissabon war erst seit 100 Jahren damals ein besuchter Hafen geworden, seitdem die venetianischen Galeeren — also wieder Italiener — unmittelbare Handels= beziehung mit den flandrischen Seestädten und mit England angeknüpft hatten. Erst italienische Anregung und Anleitung hatte den Portugiesen die für den Seeverkehr günstige Lage ihres Landes offenbart. Aber es dauerte lange, bis sie mit der See so vertraut wurden wie ihr Lehrmeister. Aufs hohe Meer wagten sie sich auch zur Zeit des Prinzen Heinrich noch nicht, sondern tasteten mühsam an der Küste hin und ließen das Land nicht aus den Augen. So kam es denn, daß sie zwar dem Prinzen gern dienen wollten, aber sich über die Grenze der bekannten Welt nicht hinauswagten. Und diese Grenze lag in der Nähe der von Italienern schon wieder auf= gefundenen kanarischen Inseln, etwa unter 26° n. Br. Hier tritt am Wüstenrande eine Sandspitze vor, die sich über Un= tiefen und Riffe noch einige Meilen unter Wasser fortsetzt, aber dergestalt, daß die See sich brandend darüber bricht und schäumt; dem zaghaften und ungeübten Seefahrer ein grauenvoller An= blick, eine unüberwindliche Schranke. Denn sollte man es unternehmen, dieses Vorgebirge, das Kap Bojador, zu umsegeln, so hätte man so weit ins offene Meer steuern müssen, bis man das Land aus den Augen verloren hätte, und das wagte lange

Zeit kein Portugiese angesichts des unbekannten „Dunkelmeeres", von dem die Sage ging, das Wasser würde in der heißen Zone fast so dickflüssig wie Sirup, infolgedessen die Schiffe darin festgehalten würden. Kein Wunder, daß alle Steuer- leute jahrelang vor dieser gefährlichen Ecke umkehrten, bis im Jahre 1434 ein junger Edelmann Gil Eannes, der durch einen tollen Streich die Gunst des Prinzen verscherzt hatte, auf Leben und Tod die Umfahrt des Kaps Bojador erzwang und damit den Fortgang der Entdeckungen ermöglichte. Elf Jahre später erreichte Diniz Dias das grüne Vorgebirge. Der Name selbst ist ein merkwürdiges Denkmal, gewissermaßen der Grabstein, unter dem die Autorität des Aristoteles begraben liegt. Die heiße, verbrannte Zone ist unbewohnbar, hatte dieser Philosoph gelehrt, und nun trafen die Portugiesen recht in der Tropenzone ein Vorgebirge mit Bäumen von so mäch- tigem Umfange, Affenbrotbäumen, wie sie noch nirgends gesehen hatten; auch trafen sie nördlich und südlich davon so mächtige Ströme, den Senegal und Gambia, an denen zahlreiche Menschen- geschlechter dunkler Hautfarbe lebten, daß die Lehre von der Unbewohnbarkeit und Unbewohntheit augenscheinlich vernichtet wurde. Der Lehre des Aristoteles hatte aber auch Ptolemäus gehuldigt, und so wurde denn auch der Glaube an die Zuver- lässigkeit seiner Geographie und der danach entworfenen Karten arg erschüttert.

Und das war notwendig, denn große Erfolge können nie unter dem Banne eines Autoritätsglaubens erzielt werden.

Die Portugiesen hatten inzwischen gelernt, von den neu- entdeckten Küsten Seekarten zu entwerfen und als man nun vollends 10 Jahre nach der Entdeckung des grünen Vorge- birges die Guineaküste so weit verfolgt hatte, daß sie anfing sich nach Osten umzubiegen, da ging es wie eine hoffnungsvolle Ahnung durch ihre Seele und man fragte sich ernstlich, ob man nicht auf diesem Wege nach Indien gelangen könne. Der König Alfons von Portugal (1438—81), der Neffe des Prinzen Heinrich, der diese Erfolge noch erlebte, sandte die von seinen Seeleuten gezeichneten Karten an den berühmten Kartographen Fra Mauro in Venedig und veranlaßte ihn, mit Benutzung der neuen afrikanischen Karten ein Weltbild zu entwerfen; denn Fra Mauro war auch in der Lage, unterstützt durch die weitgehenden Handelsbeziehungen Venedigs, arabische und ethiopische Nachrichten von der Ostküste Afrikas zu ver=werten. Und so konnte er die Handelsplätze Sansibar (Chan=cibar) und weiter im Süden Sofala, ja in Indien auch schon den großen Gewürzmarkt Chalecut (Kalikut) ansetzen. Wenn hier die Küste Ostafrikas nach Süden und auf der Westseite in Guinea der Ufersaum nach Osten lief (was Fra Mauro allerdings als einen tief einbringenden Golf, Sinus Ethiopicus, auffaßte), da war die Verbindung beider Wasserlinien leicht geboten, dann ging aber der Ozean im Süden rings um Afrika herum, dann war Afrika zu umschiffen.

Und so hat Fra Mauro auch auf seinem großen 1457—59 entworfenen Weltbilde, das noch wohlbehalten im Dogenpalast zu Venedig zu sehen ist, Afrika als umschiffbar dargestellt. Scheinbar ähnliche Darstellungen von Afrika waren zwar u. a. schon 1436 von Andrea Bianco oder auf der genuesischen Weltkarte von 1447 geliefert; aber man mußte den einge=tragenen Länder= und Ortsnamen nachsehen, wenn sie sich mit den neuen geographischen Ermittelungen von Seefahrern gar nicht wollten in Einklang bringen lassen. Fra Mauro dagegen gab in seiner Erläuterung zur Karte so unzweideutige Belege, daß seine Angaben auf zuverlässigen neuen Erkundigungen beruhten, wie wenn er von der Länge der Seefahrt bis Sofala spricht, daß an der Richtigkeit seiner Angaben nicht zu zweifeln war. Auch sagt er ausdrücklich, daß der indische Ozean nicht ein abge- schlossenes Wasserbecken sei (senza alguna dubitation ze pùo affermar che questa parte austral e de garbin sia navi- gabile e che quel mar Indiano sia occeano e non stagnon).

Neue Forschung siegte über veraltete Theorien.

Von nun an stand auf den Wimpeln der portugiesischen Entdeckerschiffe das Ziel Indien eingeschrieben.

An dieser Zuversicht, daß es einen Seeweg nach Indien gäbe, wurde Portugal auch nicht irre, als die Küste Afrikas von Kamerun an wieder nach Süden lief.

Ich habe das langsame Reifen des Planes, den Weg zur See nach Indien zu suchen, dargelegt, um zu zeigen, mit wie viel größeren Schwierigkeiten der Prinz Heinrich und seine Nachfolger zu kämpfen hatten als Kolumbus. Denn ihnen stand das hohe Ansehen des antiken Wissens entgegen, während die Fahrt des Kolumbus gewissermaßen außerhalb des Rahmens der antiken Welt fiel, worüber es keine feststehenden, wenn auch noch so falschen Lehren gab. Einwendungen gegen seine Fahrt konnten nur von unwissenden Laien ausgehen. Aber Unwissen- heit ist leichter zu überwinden als vorgefaßte Meinung.

Daß aber auch, nachdem man von der Umschiffung fest überzeugt war, wiederum vierzig Jahre vergingen, ehe das gesuchte Ziel, Indien, erreicht wurde, hatte verschiedene Ursachen.

Zunächst war König Alfons nach dem Tode des Prinzen nicht geneigt, die Entdeckungen mit demselben Eifer fortzusetzen, denn die Erfolge blieben materiell noch hinter den Erwartungen zurück. Hatte doch der Prinz trotz des sich mehr und mehr entwickelnden Handels Schulden hinterlassen. Auch mußte der König mit den politischen Verhältnissen der Nachbarschaft rechnen und durfte sich nicht so ausschließlich wie der Prinz, einem langwierigen Seeunternehmen widmen.

Er fand es deshalb für zweckmäßig, den Handel nach Guinea zu verpachten. Der Großhändler Fernam Gomez zahlte seit 1469 jährlich 500 Dukaten Pacht und verpflichtete sich zu gleicher Zeit, jährlich eine bestimmte Küstenstrecke weiter erforschen zu lassen. Um aber den Handel für sich und Portugal zu monopolisieren, hatte der König sich zu verschiedenen Malen das alleinige Handelsrecht durch Bullen des Papstes 1443 und 1454 sichern lassen. Es konnte ihm also niemand den Rang ablaufen und in Indien zuvor kommen, solange die Fahrten nach Guinea allein den Portugiesen gestattet waren. Darum ging Alfons V. auch nicht auf den Vorschlag des gelehrten italienischen Arztes und Kosmographen Toscanelli ein, der ihm 1474 eine Karte des atlantischen Ozeans und im Westen die Küsten von China, Ostasien zeichnete und in dem Begleitschreiben empfahl, statt des langsamen und mühsamen Weges um Afrika, den einfachen geraden Weg über den westlichen Ozean zu wählen.

Daß Kolumbus auf seiner ersten Fahrt eine Kopie dieser Karte Toscanellis an Bord hatte und danach segelte, mag hier nebenbei erwähnt werden.

In Portugal änderte sich die Sachlage erst, als König Johann 1481 den Thron bestieg. Nicht bloß nahm er selbst die Leitung der afrikanischen Entdeckungen wieder in die Hand, sondern er gründete an der Goldküste Guineas auch die erste feste Niederlassung und nannte die dem heiligen Georg geweihte Burg La Mina, nach den vielversprechenden Goldwäschen in der Nähe, die dem Küstenstrich bald den noch üblichen Namen Goldküste verliehen. Im nächsten Jahre wurden auch die Entdeckungen, die kaum bis über den Äquator vorgerückt waren, energisch gefördert. Diogo Cão wurde, wie durch die neuaufgefundenen Wappensteine erwiesen ist, zweimal, 1482 und 1484, ausgesendet und kam dabei bis etwa zur Walfischbai. Auf seiner zweiten Fahrt begleitete ihn ein junger deutscher Kaufmann, der als ein Schüler des großen Astronomen Regiomontan den Portugiesen für die Ortsbestimmung so wesentliche Dienste leistete, daß er nach seiner Rückkehr in den Ritterstand erhoben wurde. Es war Martin Behaim, der später, im Jahre 1592, bei einem Besuche seiner Vaterstadt Nürnberg „aus Fürbitt und Begehr der fürsichtigen, ehrbaren und weisen als der obersten Hauptleute der löblichen Reichsstadt Nürnberg" einen großen Globus oder Erdapfel anfertigte, auf dem er das modernste Weltbild jener Tage einzeichnete — aber ohne eine Andeutung von Amerika — und der heute noch als der älteste erhaltene Globus in Nürnberg aufbewahrt wird. Darauf steht unter zahlreichen erläuternden Inschriften zu lesen: „Der durch= lauchtige König von Portugal hat das übrige Teil (der Welt) das dem Ptolomäo noch nicht kundig gewesen ist, gegen Mittag, lassen mit seinen Schiffen besuchen anno domini 1485, darbei ich, der diesen (Erd=) Apfel angegeben hat, gewesen bin." Aus= führlicher ist eine Inschrift am Südende Afrikas folgenden Inhalts:

„Als man zählt nach Christi unseres Herrn Geburt 1484 Jahr, ließ zurüsten der durchlauchtig König Johann II. von Portugal zwei Schiffe, Caraveli genannt, ... versehen auf 3 Jahr. Dem Volk und Schiffen war Befehl gegeben, aus= zufahren über die Säulen des Herkules (Straße von Gibraltar) ... immer gegen Mittag und Aufgang der Sonnen, so fern ihnen möglich wäre. Auch versah der vorgenannte König die Schiffe mit allerlei Ware und Kaufmannschaft, ... auch 18 Rosse, mit allem Zeug köstlich gerüstet, wurden in den Schiffen mitgeführt, den Mohrenkönigen, je einem eins, zu schenken, wo uns gut gebäuchte. Und man gab uns allerlei Musterspezerei, die zu zeigen den Mohren, wobei sie verstehen möchten, was wir in ihrem Lande suchen wollten. Und also gerüstet fuhren wir aus den Porten (Hafen) der Stadt Ulisipona (Lissabon) von Portugal und segelten zu der Insel Madera, da der Zucker wächst und durch die Inseln der wilden Kanarien, funden Mohrenkönige, denen wir Schenkung thaten, die uns auch wieder (beschenkten), kamen in das Land . . ., da die Paradieskörner wachsen — ist von Portugal 800 teutsche Meilen danach in König Furfurs Land — ist 1200 Meilen. Daselbst Pfeffer wächst (Pfefferküste). Auch fern von bannen ist ein Land, da wir Zimmtrinde funden. Als wir nun bei 1200 (?)[1] Meilen gesegelt waren von Portugal, kehrten wir wieder, und am 19. Monat kamen wir wieder zu unserm König." Wie weit die Schiffe kamen, darüber belehrte uns noch eine kleine In= schrift nördlich vom Kap der guten Hoffnung des Inhalts: Hie wurden gesetzt die Säulen des Königs von Portugal anno domini 1485, b. 18. Januar.

Diese Säulen waren Denksteine mit dem Wappen Por= tugals und einer Inschrift versehen, die das Jahr und den Tag der Entdeckung angab; zugleich aber auch den Leiter der Expedition nannte. Diese Wappenpfeiler (padrão) galten als Zeichen der Besitzergreifung des Landes. Der letzte Stein aber, den Diogo Cão am 18. Januar 1485 setzte, ist bei der Vermessung der Küsten von Deutsch=Südwestafrika durch das deutsche Kriegsschiff Falke, Kapitän Becker, 1893 halb im Sande versunken, am Kap Cross (21° 48 s. Br.) nördlich von der Walfischbai aufgefunden und mitgenommen. Er befand sich längere Zeit in Kiel, ist dann aber an Portugal zurück=

[1] Auf dem Globus scheint die Zahl 1200 noch einmal zu stehen, was offenbar ein Schreibfehler wäre, falls der Kopist sich nicht verlesen hat.

gegeben. An seiner Stelle ließ Kaiser Wilhelm II. im Januar 1894 eine getreue Nachbildung des Wappensteines an derselben Stelle wieder errichten. Die lateinische und portugiesische In=schrift[1]) an dem alten Steine hat der Generalsekretär der geo=graphischen Gesellschaft zu Lissabon, Luciano Corbeiro, entziffert.

Ich habe den Bericht Behaims über diese Reise aus=führlich mitgeteilt, weil er der einzige ist, den wir darüber be=sitzen. Der Leiter der Expedition ist auf der Heimreise wahr=scheinlich gestorben, was uns Behaim ebenso wenig erzählt, als er überhaupt den Namen des Kapitän Cão erwähnt.

Kaum waren aber seine Schiffe zurückgekehrt, als schon wieder ein neues Geschwader unter Bartolomeo Diaz 1486 auslief, um den Weg nach Indien weiter zu verfolgen. Und noch ehe dieser zurückkehrte, wurden zwei andere Sendboten, Pero da Covilham und Alfonso de Paiva über Egypten und über das rote Meer an den indischen Ozean gesandt, um einerseits die neuesten Nachrichten über die indischen Gewürz=häfen zu sammeln und andererseits, soweit wie möglich, an der Ostküste Afrikas nach Süden vorzudringen, um zu erfahren, wie weit der Erdteil sich nach Süden erstrecke. Paiva starb leider, aber Covilham erreichte Sofala, die südlichste Stadt des arabischen Seehandels, und durch den Goldreichtum des Hinterlandes, das von den Engländern besetzte Manicaland, damals schon berühmt. Selbst über die Mondinsel Madagaskar wußte Covilham Erkundigungen einzuziehen.

---

[1]) Die lateinische Inschrift lautete: A mundi creatione fluxerunt anni 6684 et a Christi nativitate 148 .. (verwischt) quum excelentissimus sere-nissimusque Rex. D. Johanes secundus Portugaliae per Jacobum Canum ejus militem columnam hic situari jussit.

Die portugiesische Inschrift: Era da creaçao do mundo de bj ᵐ bj ᶜ l xxxᶜ e de Xto de IIIIᶜ l xxx o cycelento esclarecido Rei dom Jᵒ sᵒ do portugal mandou descobrir esta tera e poer este padram por dᵒ cãᵒ cavᵒ de sua casa.

Die Küste des Festlandes lief in günstigster Weise nach Südwesten und ließ das Ende des Landes im Süden bald erwarten. Sofala aber liegt dem letzten Wappenpfeiler Diogo Cãos ziemlich gerade im Osten gegenüber.

Man mußte also gespannt sein, welche Erfolge die Schiffe des Bartolomeo Diaz zu verzeichnen hätten.

Diaz war an der Küste Südafrikas über den letzten Wappenstein seines Vorgängers hinausgekommen, wurde dann aber an der St. Helenabai (32° 45′ s. B.) durch Stürme ins offne Meer nach Südwesten hinausgetrieben und konnte erst nach 13 Tagen die Küste wieder aufsuchen. In der Annahme, daß er sie bei weiterem südlichen Verlauf wie bisher, am schnellsten auf östlicher Fahrt erreichen werde, steuerte er gegen Osten, traf aber das Land nicht, wo er es erwartete, denn die See= leute verstanden die Länge des zurückgelegten Weges aus der Geschwindigkeit der Fahrt recht gut zu schätzen. Er mußte sich also entschließen, den Kurs mehr nach Norden zu richten, und stieß hier auf die ostwärts streichende Küste in der Nähe der Mosselbai. Er befand sich also auf der Südseite Afrikas.

Unsere kleinen Schulkarten veranlassen uns leicht zu der falschen Annahme, als ob Afrika im Süden in eine Spitze auslaufe. Das ist keineswegs der Fall, vielmehr erstreckt sich die Küste von der Kapstadt nach Port Elisabeth, im allge= meinen in östlicher Richtung etwa 700 Kilometer weit; das entspricht ungefähr dem Abstande von Dresden bis Ostende.

Auf diese südliche Breitseite des Kontinents war Diaz ungefähr in die Mitte gestoßen. Er erkannte natürlich, zu seiner höchsten Freude, sofort die günstige Veränderung im Küstenverlauf. Aber er konnte doch nicht wissen, ob die Wasser= linie sich weiterhin wieder nach Süden wende und von neuem den lange gesuchten Weg versperre.

Er ging also mit seinem Geschwader weiter nach Osten und erreichte die Algoabai, an der Port Elisabeth liegt, und errichtete dort auf einer kleinen Insel, die er Santa Cruz nannte, seinen letzten Wappenpfeiler. Nun aber forderten die von dem aufreibenden Dienst in der stürmischen Kapsee völlig erschöpften Matrosen die Rückfahrt. Wie Diaz auch bat und in sie drang, ihm wenigstens so weit zu folgen, bis die Küste sich zweifellos nach Norden wende: er erreichte nur, daß er noch zwei Tage weiter bis zum großen Fischfluß segeln durfte, wo man deutlich eine nördliche Umbiegung der Küste wahrnehmen konnte. Dann mußte er mit schwerem Herzen am Eingange zum indischen Meere den Rückweg antreten und einem andern den Ruhm, Indien selbst erreicht zu haben, überlassen.

Wie leicht schien es, vom Endpunkt seiner Fahrt, vom großen Fischflusse aus nach Sofala zu gelangen, wohin schon arabische Schiffe kamen. Der Abstand beträgt nur 13 Breitengrade.

Auf dem Rückwege erst entdeckte Diaz das Kap der guten Hoffnung, dem er aber wegen der schrecklichen Stürme, die er bei der ersten Umsegelung, allerdings ohne in seine Nähe zu kommen, ausgestanden hatte, den Namen cabo tormentoso Sturmkap, gab. Als er aber nach Portugal kam, erhielt es vom König den glückverheißenden Namen, den es jetzt noch trägt: Kap der guten Hoffnung, d. h. der sicheren Erwartung, daß Indien nun bald erreicht werde.

Im Dezember 1487 erst kehrte Diaz zurück nach einer Fahrt von 16 ½ Monaten und doch sollte es noch wieder 10 Jahre dauern, ehe das Ziel erreicht wurde.

Selbst der thatkräftige König Johann erlebte es nicht, denn er starb schon 1495.

Inzwischen waren aber auf einem anderen Felde Ereignisse

eingetreten, die die portugiesischen Unternehmungen zu durch=
kreuzen drohten.

Kolumbus hatte im Oktober 1492 Amerika, aber zu=
nächst nur westindische Inseln entdeckt. Er hatte den Plan
Toscanellis von 1474 aufgenommen, hatte sich sogar von
seinem gelehrten Landsmanne die Karte zu verschaffen gewußt,
die ihn von den Kanarischen Inseln in wenigen Wochen über
das bisher von keinem Schiffskiel durchkreuzte Weltmeer, wie
er annahm und anfänglich auch seine Zeitgenossen glaubten,
geradewegs nach Indien geführt hatte.

Im Jahre 1481 oder 82 in Portugal mit seinen Plänen
abgewiesen, sah er es nun, als ihn auf der Rückkehr ein Sturm
in den Hafen von Lissabon verschlug, als eine glänzende Ge=
nugthuung und Rechtfertigung an, dem Könige von Portugal
über seine Entdeckung Indiens Bericht erstatten zu dürfen.

König Johann entließ den glücklichen Entdecker gnädig
und war zunächst darüber beruhigt, daß Kolumbus weder die
Gewürzländer, noch die menschenwimmelnden Städte des Orients
gefunden hatte. Es galt nun aber, sich mit Spanien aus=
einander zu setzen. Dazu riefen beide Mächte die Hilfe des
Papstes an. Und dieser teilte zwischen beiden Staaten die
unbekannte Welt derart, daß er durch eine Meridianlinie von
Pol zu Pol, die der Länge nach den atlantischen Ozean durch=
schnitt, die Erde halbierte und die westliche Seite — wir
würden jetzt sagen, die amerikanische Seite — den Spaniern,
die afrikanische den Portugiesen zuwies. Auf diese Weise
sollten die Seefahrer beider Nationen gehindert werden, gegen=
seitig ihre Pläne zu durchkreuzen. Jede Macht sollte auf
ihrer Seite die Entdeckung Indiens in Angriff nehmen. Die
Fortführung der portugiesischen Unternehmungen wurde aber eine
Zeit lang noch durch den Tod des Königs Johann verzögert.

Aber sein Nachfolger, Don Manuel (1495—1521), der den größten Glanz seines Hauses und seines Landes sehen sollte, erwies sich ebenso feurig wie sein Vater, und so kam denn die erste Expedition unter Vasco da Gama zustande, die das lange, mit Ausdauer festgehaltene Entdeckungswerk krönen sollte. Drei Schiffe von 100—120 Tonnen Gehalt, also nach unsern Begriffen kleine Fahrzeuge, wurden ausgerüstet und der Oberleitung des portugiesischen Ritters Vasco da Gama unterstellt, den als weitere Kapitäne seine Brüder Paul und Coelho begleiteten. Wichtig war es auch, daß als erfahrener Pilot Pero d'Alemquer mitging, der schon mit B. Diaz am Sturmkap gewesen war. Auch hatte dieser letztere, der das Fort La Mina an der Goldküste mit Vorräten neu versehen sollte, den Auftrag, das Geschwader Gamas bis Guinea zu begleiten.

Es ist merkwürdig, daß man von einer so höchst wichtigen Entdeckungsreise, wie die Gamas ist, nicht ganz übereinstimmende Berichte besitzt, daß sogar der Tag der Abreise nicht genau feststeht. Während der älteste portugiesische Geschichtsschreiber, der uns die Fahrt ausführlich schildert, Gaspar Correa, ein Mann, der schon 1512 nach Indien kam, als Tag der Abfahrt von Lissabon den 25. März 1497 nennt, verzeichnet Joäo da Barros, den die Portugiesen als ihren größten Historiker preisen, den 8. Juli, und Osorio den 9. Juli. Man würde von vorn herein dem Barros am meisten trauen, wie auch allgemein geschieht; allein es lassen sich ihm, in Bezug auf bestimmte Zeitangaben, manche auffällige Versehen nachweisen, wobei er sich nicht bloß in Tagen, sondern sogar in Jahren irrt; so daß wir in dieser Beziehung kein unbedingtes Vertrauen hegen dürfen. Unter solchen Verhältnissen bleibt, da auch Osorio den Juli nennt, nur die Vermutung, daß die Abreise wahrscheinlich im Sommer geschehen ist. Übrigens ist's, was den ursprünglichen Plan der Portugiesen betrifft, die Jubelfeier am verflossenen 8. Juli dieses Jahres beginnen zu lassen, erfreulich, daß man davon abgelassen hat und die Feier nunmehr im nächsten Frühjahr, am 20. Mai, dem Tage der Landung Gamas in Indien, beginnen wird.

Die Fahrt ging anfangs günstig von statten, denn schon nach 13 Tagen wurden die Kapverden erreicht, d. h. man legte in Luftlinie täglich 200 Kilometer zurück. Langsamer rückte man aber nur vorwärts, als man in die Region der Wind= stillen an der Küste von Guinea eintrat. Hier verließ auch Bartolomeo Diaz das Geschwader und steuerte geradenwegs nach La Mina, während Gama sich mehr nach Südosten hielt. Auch die von Süden entgegenkommende Küstenströmung von Südguinea hemmte die Fahrt. Man war eben gezwungen sich immer in der Nähe der Küste zu halten, um sich zurecht zu finden. Die astronomischen Instrumente, mittelst deren man eine Breitenbestimmung hätte machen können, waren noch zu unvollkommen, um bei dem Schwanken des Fahrzeuges auf hoher See mit Sicherheit Verwendung finden zu können. Auch der gestirnte Himmel versagte seinen Dienst, denn leider verlor sich südlich, jenseits des Äquators, der Leitstern der Schiffer, der Polarstern, und man fühlte sich von den himmlischen Mächten vollständig verlassen. Das war auch der Grund gewesen, weshalb König Johann von Portugal schon 1485 seinen Astro= nomen Josephus nach Guinea gesandt hatte, um dort an ver= schiedenen Punkten die Sonnenhöhe zu nehmen und danach die Breitenbestimmung zu berechnen. Wie eine Randbemerkung, wahrscheinlich von der Hand des Bartolomeus Kolumbus, in einem Exemplar der Weltgeschichte des Aeneas Silvius angiebt, wurde so die Lage der Idolosinseln[1]) zu 5 Grad nördl. Br.

---

[1]) Jetzt verstümmelt Los=Inseln, entstanden aus I. dos Idolos, d. h. Inseln der Götzenbilder.

ermittelt. Das war allerdings ein Irrtum von 4 Breiten=
graben. Aber man glaubte auch durch spätere Beobachtungen
dasselbe Ergebnis ermittelt zu haben, und so galt es denn als
ausgemacht, daß Fort La Mina etwa unter dem Äquator liege,
was auf einen Fehler von 5 Breitengraden hinausläuft.

Jedenfalls mußte es immer wünschenswert erscheinen, der=
gleichen astronomische Beobachtungen zu wiederholen. Daß das
Ergebnis aber nicht gleich befriedigend ausfiel, lehrt ein Blick
auf den Globus Behaims, der die Mündung des Kongos be=
reits auf den südlichen Wendekreis, also etwa 17 Grade zu
weit südlich legte. Darum war es ein geschickter Notbehelf,
um wenigstens die Entdeckungen sicher festzulegen, Wappensteine
zu setzen als unwiderlegliches Zeugnis, wie weit ein Seefahrer
bereits vorgedrungen sei.

Unter solchen Verhältnissen ist es erklärlich, daß Gama
schon an der von seinem Vorgänger berührten Küste ans Land
ging, um dort eine möglichst genaue astronomische Beobachtung
auszuführen. Daß diese befriedigend ausfiel, beweisen die
Karten, die von seinem Piloten gezeichnet wurden und die die
Vorlage für die diesem Vortrag beigegebene Karte bildeten, die
als eine der ersten Nachbildungen des portugiesischen Origi=
nals gelten kann.

Gama ging an der St. Helenabai ans Land; er hatte
von Lissabon aus bis dahin 4 Monate[1]) gebraucht.

Bei leiblich gutem Wetter — man hatte nach den Er=
lebnissen des Bartolomeo Diaz stürmische See erwartet —
wurde, etwa um den 20. November das Kap der guten Hoffnung

---

[1]) Wenn Barros 5 Monate angibt, so ist das wieder eine falsche Datie=
rung; denn am 20. November brach, nach längerem Aufenthalt, Gama wieder
auf. Wäre er etwa am 8. November ans Land gekommen, dann wären seit
der Abfahrt gerade 4 Monate verstrichen.

umsegelt und damit schien ein gefürchteter Punkt glücklich über=
wunden zu sein. Aber die Stürme blieben nicht aus, denn sie
gehören zu den gewöhnlichen Wettererscheinungen an den Süd=
spitzen der alten und neuen Welt, am Kap der guten Hoffnung
und am Kap Hoorn. Vier Tage wurden die Fahrzeuge fast
hilflos umhergeschleudert, erreichten dann aber den Wappenpfeiler
auf der Insel S. Cruz, den Diaz gesetzt hatte.

Die Gefahren dieses Sturmes, wo Gama nicht bloß den
Kampf mit den Elementen, sondern auch mit der mißmutigen,
murrenden Mannschaft bestehen mußte, hat Gaspar Correa recht
anschaulich geschildert. Es erinnert diese siegreiche Überwindung
aller Hemmnisse lebhaft an den Hymnus des Sophokles, der in
der Antigone den Chor sagen läßt:

> Vieles Gewalt'ge lebt, doch nichts
> Ist gewaltiger als der Mensch,
> Denn selbst über die düstre
> Meerflut zieht er, vom Süd umstürmt,
> Hinwandelnd zwischen den Wogen
> Den ringsumtosten Pfad.

Prosaisch gesprochen ging Gamas Geschwader in jenen gefähr=
lichen Tagen „arbore secco" mit trocknem Baum, d. h. mit
eingerefften Segeln; aber am Weihnachtstag 1497 erreichte es
doch glücklich das erste tropischgrüne Land der Ostseite, das
dem Tage entsprechend Natal, d. i. Weihnachtsland (30° s. Br.)
genannt wurde, wie es heute noch heißt. Hier befand man sich
auf völlig unerforschtem Meere, sah aber mit wechselnder Freude
die Küste geradewegs auf Indien zulaufen.

Vierzehn Tage später gingen die Schiffe in einer großen
Seebucht vor Anker, in die mehrere Flüsse sich ergossen, von
denen der eine nach dem Heiligendreikönigstage (6. Januar
1498) Rio dos reis, Königsfluß, genannt wurde. Wir be=

finden uns an der Delagoabai, die nach ihrem weiteren Er-
forscher seit 1545 auch Lourenço Marquez genannt wurde
und heutzutage eine rasch aufblühende Stadt sieht, von wo
die dahinter liegende südafrikanische Republik oder Transvaal
sich mittelst Eisenbahn allein direkt mit der übrigen Welt in
Verbindung setzen kann. Hier beginnt auch der portugiesische
Kolonialbesitz, der gegenwärtig nur noch bis zum Kap Delgado,
an der Südgrenze von Deutsch-Ostafrika reicht.

„Fünf Tage," erzählt Barros, „blieb Vasco da Gama
an der Delagoabai, wo er frisches Wasser eingenommen hatte
und nannte seinen Ankerplatz Aguada da boa paz (Wasserplatz des guten Friedens), weil die schwarzen Küstenbewohner
sich freundlich und friedfertig zeigten. Indem er weiter segelte
und von der Küste abhielt, kam er in der Nacht bei dem
Cabo dos Corrientes (Vorgebirge der Meeresströmungen)
24° s. Br. vorbei; denn weil die Küste jenseits desselben sich
merklich zurückzieht, und der Strom daher sehr stark nach Westen
ging, so befürchtete er, in eine Bucht zu geraten, aus der er
nicht leicht wieder heraus könnte, und er hielt deswegen soweit
wie möglich vom Lande ab, und verfehlte dadurch für dies-
mal die Gelegenheit, die Küste von Sofala zu entdecken."

Bis Sofala war 1486/7 Covelhão gekommen und hatte
diese Stadt als den südlichsten Punkt arabischer Ansiedlung
bezeichnet. Man kam also nun in die Sphäre des arabischen
Handels und mußte gespannt sein, welche Anzeichen davon man
bei der nächsten Landung treffen werde.

Fünfzig Meilen nördlich von Sofala lief Gama in einen
großen Fluß ein, in den einige Barken mit Segeln von Palm-
blättern hineingesegelt waren. Soweit man bisher an den
Küsten Afrikas entlang gesteuert war: nirgends hatte man ein
seetüchtiges Negervolk getroffen. Das Auftauchen der Bast-

segel am Sambesi — denn das war der große Strom, den Gama entdeckt hatte, — war das erste sichere Anzeichen, daß man die Grenze des indischen Kulturgebietes überschritten hatte. „Der Anblick der Leute am Flusse war den Portugiesen sehr angenehm, nachdem sie bisher überall lauter Neger getroffen hatten; denn hier befanden sich unter den Schwarzen auch Farbige, Mestizen. Einige von ihnen verstanden sogar etwas arabisch. Sie sagten, daß weiter gegen Osten (Nordosten) weiße Menschen wohnten, die in ebensolchen Schiffen wie die Portugiesen längs ihrer Küste nach Norden und nach Süden vorbeisegelten. Wegen dieser Nachricht nannte Gama den Fluß Rio dos boms Sinaes (Fluß der guten Vorbedeutungen). Er ließ seine Schiffe daselbst kielholen, was sehr nötig ge= worden war."

Welch erfreulicher Fortschritt vom Kap der guten Hoffnung bis zum Strom der guten Anzeichen!

Wenn kein Unglück auf der See die kleine Flotte traf, mußte das Ziel erreicht werden. Aber das ungesunde Klima Ostafrikas, dem man sich noch ohne Schutzmittel gegenüber sah, forderte von der Mannschaft manches Opfer.

Bei Mosambik, wohin Gama anfangs März kam, wurde auf einer kleinen Küsteninsel wieder ein Wappenstein gesetzt. Vom Handelshafen selbst, der von Arabern gegründet war, kamen Küstenfahrer, sog. Sambuken, heraus und hatten einige nach maurischer Art wohlbekleidete Männer an Bord, die sich in arabischer Sprache erkundigten, woher die Schiffe kämen und wohin sie gingen. Gama ließ ihnen antworten, sie seien Portugiesen und gingen im Auftrage ihres König nach Kalikut. Da er diese Reise noch nicht gemacht, so bitte er um einen Lotsen.

Der arabische Scheich des Orts schien auch diesen Wunsch gewähren zu wollen; doch erwachte in den Arabern bald die

Furcht, daß sie sich hier ganz gefährlichem Wettbewerb gegen=
überfähen, den man mit List oder gar Verrat bekämpfen müffe.
Es kam darüber zum Bruch mit den Portugiefen, die sich aber
durch ihre überlegenen Feuerwaffen die Unterwerfung der Araber
erzwangen und mit einem, wenn auch nicht ganz zuverläffigen
Lotfen kurz vor der Mitte April Mombas erreichten. Auch
hier entging das kleine Gefchwader einer beabfichtigten Über=
rumpelung nur mit knapper Not und erft in Melinde (4° f.
Br.), wohin Gama am Ofterfonntage, 15. April, gelangte, fand
er eine ehrliche und freundliche Aufnahme. Durch eine perfön=
liche Unterredung des Scheichs mit dem portugiefifchen Admiral
wurde der Freundfchaftsbund befiegelt, und Gama erklärte ihm,
der Scheich werde an dem Könige von Portugal einen mäch=
tigen Bundesgenoffen haben, was fich in Zukunft auch bewährte.

Mit Genehmigung des Landesherrn durfte Gama hier
den letzten Wappenpfeiler fetzen und erhielt dann einen zuver=
läffigen Lotfen. Es war dies ein Inder aus Guzerat, namens
Malemo, den Barros Maleng Kana nennt. Kana bedeutet
aber nur feine indifche Kafte.

Unter feiner ficheren Führung gelangten die Schiffe geraden=
weges, in der Nähe von Kananor (12° n. Br.) an die Weft=
küfte Vorderindiens. Sie hatten in 22 Tagen 700 Seemeilen
zurückgelegt. Am 20. Mai ging das Gefchwader in dem Hafen
von Kalikut, dem Hauptgewürzmarkt Vorderindiens, vor Anker.
Das erfehnte Ziel war wirklich erreicht. Die Erlebniffe der
Expedition in Indien zu fchildern, liegt außer dem Rahmen
meines Vortrages. Ich kann die Wirkung der Entdeckungs=
fahrt nur in allgemeinen Umriffen andeuten.

Die Reife hatte über 10 Monate gedauert. Der Weg, den
gegenwärtig die Segelfchiffe von Liffabon nach Bombay machen,
allerdings fcheinbar eine längere Route als die Gamas, beträgt

10 400 Seemeilen oder 19 260 Kilometer, d. h. beinahe der halbe Erdumfang oder der Linie von Pol zu Pol gleich. Es wurden durchschnittlich täglich nur 60 Kilometer zurückgelegt.

Die Portugiesen waren schon in Melinde gewarnt worden, die Gewürze in Indien nicht zu teuer zu bezahlen, um dadurch den afrikanischen Händlern den Markt zu verderben. Sie fanden aber die Preise noch niedriger, als sie erwartet hatten und merkten anfänglich nicht, daß sie von den maurischen Händlern, die auch in Indien den Markt beherrschten, übervorteilt wurden und den üblichen Preis doppelt bezahlen mußten.

Wie teuer sie einkauften, läßt sich nicht genau ermitteln, und wenn ihnen auch nicht die beste Qualität angeboten wurde, auf dem Markt in Lissabon war der Gewinn immer noch sehr bedeutend. Denn hier kostete der Zentner Pfeffer (59 Kilo) 220 Mk., Zimmt sogar 495 Mk.

Nach einem Aufenthalt von fast 5 Monaten trat Gama den Heimweg an, und hatte hier den Schmerz unterwegs seinen Bruder Paul zu verlieren, dem er auf den Azoren die Augen zudrückte. So kam er erst im September 1499, nach einer Abwesenheit von über 2 Jahren, wieder nach Lissabon. Sein König überhäufte ihn mit Ehren, erhob ihn in den Adelsstand und zum Admiral des indischen Meeres und ließ ihm ein Ehrengeschenk von mehr als 50 000 Mk. auszahlen.

Wie erbärmlich wurde dagegen die, auch vor 400 Jahren, im Sommer 1497 durch Giovanni Caboto ausgeführte Entdeckung Amerikas von dem englischen Könige belohnt. Der Venetianer erhielt ein Geschenk von 10 Pfd. Sterling (200 Mk.)!

Kolumbus hatte in sich dieser Beziehung besser gedeckt; aber das Übermaß seiner Forderungen und Ansprüche brachte ihn später zu Fall.

Vergleicht man die Leistungen des Kolumbus mit denen

Gamas, so bemerkt man vor allem den großen Unterschied in der erforderlichen Zeit. Kolumbus führte seinen Plan, den Ozean zu durchschneiden bis zum dahinterliegenden Lande, im ersten Anlauf glücklich durch und vollendete seine Aufgabe in kaum einem halben Jahre.

Gamas Fahrt ist die Krönung von Plänen und Mühen, die ein ganzes Jahrhundert erfüllen, und trotzdem erforderte seine Entdeckungsreise noch mehr als zwei Jahre.

Was die nautische Leistung betrifft, so steht die That Colons zweifellos höher. Er ist der erste, der das Weltmeer durchquert hat, der das Land hinter sich läßt und kühn ins Unbekannte, Schrankenlose hinaussteuert, was um so bewunderungswürdiger ist, als selbst die Gebildeten, Gelehrten keine klare Vorstellung von der Größe des Weges haben konnten. Denn auf allgemein zugänglichen Karten war das Weltmeer in seiner ganzen Ausdehnung noch nie dargestellt. Die einzige Manuskriptkarte, die existierte, hatte er an Bord.

Gamas Fahrt ist dagegen eine Küstenfahrt, selbst wenn man annimmt, daß er den Golf von Guinea in schräger Fahrt nach Südosten durchschnitten hat. Das Unbekannte begann für ihn jenseits des Kaplandes, beim Eintritt in den indischen Ozean, endigte aber eigentlich schon am Sambesi; denn dort konnte er sich bei gebildeten Seefahrern über seinen weiteren Lauf Rat erholen oder sich gar eines Lotsen bedienen. Und als auch er endlich in Melinde die Küste verlassen mußte, führte ihn ein kundiger und zuverlässiger Mann, der den Seeweg schon oft zurückgelegt hatte, als Lotse sicher in den gesuchten Handelsmarkt hinein.

Die Fahrt Colons über den Ozean von den Kanarien bis San Salvador dauerte fünf Wochen, die Gamas nur drei.

Anders wiederum gestaltet sich das Urteil, wenn man nach

der Ursprünglichkeit des Planes fragt. Hier müssen wir aller=
dings statt Gamas die Portugiesen einsetzen, wogegen Kolumbus
als einzelner Mann zurücktreten muß. Der Gedanke den See=
weg nach Judien zu finden, ist von Portugiesen gefaßt und von
Anfang bis zu Ende durchgeführt. Der Gedanke, auf einer
Fahrt über den westlichen Ozean den Ostrand der bekannten
und bewohnten Erde zu erreichen, ist von Toscanelli entworfen
und von Kolumbus ausgeführt.

Und — was doch schließlich die Hauptsache war — Gama
kam ans Ziel, Kolumbus nicht.

Gama fand das wirkliche reiche, tropische Wunderland
Judien mit seinen hochgeschätzten Produkten, Kolumbus fand
nur ein westliches Judien, dessen Erzeugnisse zunächst die auf=
gewendeten Kosten der Entdeckungsfahrten nicht decken konnten.

Der materielle Gewinn mußte darum zunächst den Portu=
giesen zufallen. Durch geschickte Kriegs= und Handelszüge
wurden die Araber vom indischen Gewürzmarkt mehr und mehr
verdrängt; denn Jahr für Jahr gingen Kriegs= und Handels=
schiffe von Portugal auf dem einmal gefundenen Wege ums Kap
nach Judien. In den ersten 10 Jahren wurden 132 Schiffe
hinausgesandt, von denen $1/6$ (28) verloren gingen. Der Haupt=
gewürzmarkt Judiens überhaupt, Malaka, wurde erstürmt und
besetzt, und wenige Jahre darauf wehte die portugiesische Flagge
auf den Molukken. Aber der kleine Staat Portugal hatte seine
Kräfte doch überschätzt. Wie sollte es Judien dauernd in Ab=
hängigkeit halten können! Man bedenke nur, daß Vorderindien
allein mindestens 40 mal und seine Bevölkerung 70 mal so groß
ist als die Portugals. An diesem, anfangs nur goldene Berge
verheißendem Ringen verblutete das Land und entvölkerte sich,
da zu viele der tapferen Söhne die Heimat verließen.

Und als vollends am Ende des 16. Jahrhunderts der

erledigte Thron Portugals von Spanien besetzt wurde, sank mit Spanien zugleich, das seine Seeherrschaft 1588 mit dem Verluste der berühmten Armada einbüßte, die indische Herrlichkeit in Staub, und Engländer und Holländer teilten sich die indische Beute dergestalt, daß England zunächst das Festland, Holland die indischen Inseln angriff und in Besitz nahm.

Statt der portugiesischen Schiffe erschienen in den indischen Meeren nun die Flotten zweier großen Handelsgesellschaften, der englisch-ostindischen und der holländisch-ostindischen Kompagnie, 1600 und 1602 gegründet.

Die Fahrten nach Indien waren aber ebenso gefahrvoll als zeitraubend. Und wenn auch der nächste Nachfolger Gamas, Cabral im Jahre 1500 die Fahrzeit auf der nun schon bekannteren Linie auf die Hälfte Zeit, auf 5 Monate und 14 Tage, herabsetzen konnte, es blieb immerhin eine lange Seereise.

Man steuerte nicht mehr an der Küste Afrikas gegen Wind und Meeresströmung nach Süden, sondern lief die Küste Brasiliens an und gewann dort günstige Winde, die, wenn auch scheinbar in einem großen Bogen und Umwege, doch die Schiffe schneller um Afrika herumführten.

Ähnliche schnellere Wege suchte man auch im indischen Ozean, und um die Findigkeit der Steuerleute anzuspornen, war es von der holländischen Kompagnie ein kluger Vorschlag, jedem Schiffer, der von Holland nach Batavia ging, eine Prämie von 1500 Fl. zu versprechen, wenn er sein Ziel in weniger als 5 ½ Monaten erreichte. Es liegt auch hier wieder das alte Streben zu Grunde, einen kürzeren Weg nach Indien zu finden.

Aber auf dem bekannten Wege um Afrika hat die Abkürzung auch seine Grenzen.

Je mehr sich die Kolonialmacht Englands und Hollands

entwickelte und vollends, als neben dem Segel die Dampfkraft die Seefahrt beschleunigte, um so mehr trat das Verlangen nach einem kürzeren Wege hervor.

Dieser wurde 1869 durch den Bau des Suez=Kanals gewonnen. Und wie sehr auch hier jetzt noch der Verkehr im Steigen begriffen, zeigt ein Vergleich der Jahre 1895 mit 1886. 1886 gingen durch den Kanal 5 ³/₄ Mill. Tonnen, 1895 8 ¹/₂ Mill. Natürlich sind es meist englische Schiffe, die diesen Seeweg benutzen.

Einen kürzeren Seeweg wird man nicht mehr schaffen können; aber da selbstverständlich mit dem steigenden Waren= verkehr auch der Personenverkehr wächst, so ist die neue Frage aufgetaucht, wie schnell und auf welchem Wege kommt der Reisende, natürlich mit Benutzung von Eisenbahnen, am besten nach Indien. Von Berlin z. B. gelangt man jetzt in 137 Stunden über Triest nach Alexandrien und an den Anfang des Suezkanals, schlägt man den Weg durch Ungarn nach Konstanza am schwarzen Meere ein und geht von da zu Schiff nach Alexandrien, braucht man nur 90 Stunden. Wenn aber die mit deutschem Gelde von Konstantinopel aus durch Klein= asien gebaute Eisenbahn den Euphrat erreicht, wird die Dauer der Reise noch mehr verkürzt werden.

Der Seeweg nach Indien ist aber auch der Weg nach China und Japan, und nach diesen Ländern ist auch Deutsch= land durch die Einrichtug der Reichspostdampferlinien in Wett= bewerb getreten. Der Warenverkehr von Deutschland ist ge= waltig im Steigen: Die Einfuhr aus China ist von 1886—94 auf das neunfache gestiegen, die Ausfuhr aufs doppelte, die Ein= fuhr von Japan ist verzwanzigfacht, die Ausfuhr vervierfacht. Und wie man darauf bedacht ist, auch die Geschwindigkeit der Fahrzeuge zu steigern, geht aus der erfreulichen Meldung her=

vor, daß, wenn auch auf einer andern Linie, der neugebaute große Lloydbampfer „Kaiser Wilhelm der Große" täglich 500 Kilometer zurücklegen kann, d. h. also 20 Kilometer in der Stunde.

Hätte Vasco da Gama ein solches Fahrzeug zur Verfügung gehabt, so wäre er, in 40 Tagen, ebenso schnell von Lissabon nach Indien gekommen, als Kolumbus von Palos nach San Salvador. Doch sind ja solche Vergleiche mehr blendend als passend.

Aber jedenfalls darf ich es am Schluß aussprechen, daß die Frage, wie kommen wir am schnellsten nach Indien und China noch immer die Welt des Verkehrs ernstlich bewegt, und daß in diesem unaufhörlichen Vorwärtsdrängen die Fahrt Vasco da Gamas die erste große Etappe gewesen ist.

Bemerkungen
zu den beiden beigegebenen Karten.

————————

Das kreisrunde Weltbild Fra Mauros vom Jahre 1459 stellt uns Afrika in einer Zeit vor, als die portugiesischen Schiffe kaum in den Golf von Guinea eingedrungen waren, während die zweite, einer portugiesischen Weltkarte vom Jahre 1502 entlehnte Darstellung, uns die bekannte Gestalt Afrikas vor Augen führt.

Auf der ersten Karte sind alle bekannten Länderräume auf der Erde vom ringsfließenden Ozean umfaßt und im Innern mit dem wichtigsten Inhalte der damaligen Erdkunde erfüllt. Auf der zweiten Karte, von der hier nur ein Teil wiedergegeben ist, stehen die Ortsnamen dichtgeschart nur an der Küste. Wir haben hier im Gegensatz zu dem Mappamondo oder Weltbilde Fra Mauros eine Seekarte vor uns, die, von Schiffspiloten entworfen, die während der Ent= deckungsfahrten an den Küsten entlang erteilten Namen in ihrer ursprünglichen Fassung wiedergiebt.

Die Karte Fra Mauros zeigt in ihrer Schrift modernes Gepräge, denn sie ist nicht unmittelbar nach dem Original, das 25 mal größer ist als vor= liegendes Blatt, sondern nach einer Umzeichnung unseres berühmtesten Karto= graphen H. Kiepert und mit dessen Erlaubnis hier wiedergegeben. Wie aus den Randbemerkungen Kieperts zu ersehen ist, konnten nicht alle von Fra Mauro angebrachten Inschriften, sondern nur die wesentlichsten und so weit sie auf der photographischen Kopie lesbar waren, wiedergegeben werden. Auch ist die uns vertraute Orientierung (Norden oben) an Stelle der auf dem Original ange= wandten (Süden oben) gewählt. Die zweite Karte, Afrika, giebt dagegen eine photographisch getreue Nachbildung des Originales und leidet infolgedessen mehr= fach an Unleserlichkeit der auch auf dem Original nicht immer vollständig mehr zu entziffernden Küstenlegenden.

Wenden wir uns nun zur Betrachtung der einzelnen Karten; zunächst zu Fra Mauro, über dessen Weltgemälde bereits oben S. 22 einige Bemerkungen gemacht sind.

Fra Mauro hatte nicht die Absicht, uns ein vollständiges Abbild der Außenseite unseres Erdballs zu geben; denn man kannte ja nur den Teil, den wir noch die alte Welt nennen. Daß es noch andere große Landmassen außerhalb der alten Welt gäbe, blieb im Dunkeln. Dunkel blieb auch, bis auf die Küsten=

säume, das Weltmeer. Da man nur Küstenschiffahrt trieb, so bot die Weite und Breite des Ozeans noch wenig Interesse. Daher faßten alle Weltbilder bis zur Mitte des 15. Jahrhunderts die bekannten Erdteile der alten Welt nur mit einem schmalen Wasserringe zusammen. Alles übrige auf der Erdoberfläche, was hier nicht dargestellt war, glaubte man vom Wasser des Weltmeeres bedeckt.

Für die Ausdehnung der bekannten Welt von den Kanarischen Inseln bis zum Ostrande Chinas hielt man sich an die Angaben des Ptolemäus, der etwa 150 Jahre n. Chr. die Erstreckung auf 180 Längenkreise angenommen hatte, also den halben Erdumfang. Dann war die andere, nicht dargestellte Erdseite nur von Wasser bedeckt, dessen kartographische Darstellung zunächst noch kein Interesse bot. Als aber die Frage nach dem nächsten und kürzesten Wege nach Indien gegen den Ausgang des 15. Jahrhunderts immer brennender wurde, mußte auch der Versuch gemacht werden, die Breite des Ozeans auf einer Karte zu veranschaulichen; denn wenn es zwischen Spanien und Indien kein Land gab, mußte man von Spanien aus in gerader westlicher Fahrt auch bequem übers Weltmeer nach Indien oder China gelangen können. Diesen Versuch, eine Karte des Weltmeeres zu entwerfen, hat zuerst 1574 Toscanelli ausgeführt. Von da an trat der Ozean bei der Aufnahme des Weltbildes als gleichberechtigt neben die Landmassen. Und die älteste, aus dem Jahre 1500 stammende Karte des spanischen Piloten Juan de la Cosa, auf der die bis dahin entdeckten Küsten Amerikas mit zur Anschauung gebracht werden, ist auch die älteste Weltkarte im modernen Sinne, gegenüber dem mittelalterlichen Weltkreise im Stile Fra Mauros. Aus einer der nächsten auf Cosa folgenden Weltkarten, ist die Darstellung unserer zweiten Karte, Afrika, entlehnt.

Was nun den Inhalt unserer beiden Karten anbelangt, so lassen sich bei Fra Mauro folgende Unterlagen oder Quellen nachweisen. Am getreusten und in den einzelnen Teilen leicht erkenntlich sind die Küsten des Mittelmeeres wiedergegeben, die, ganz ähnlich wie auf der Seekarte, als recht gut bezeichnet werden können. Ihre Zeichnung ist die von den Italienern seit dem Ende des 13. Jahrhunderts in Anwendung gebrachten Küstenkarten entlehnt, die auf Grund der während der Segelfahrt geschätzten Entfernung von einem Küstenpunkte zum andern, in Verbindung mit der am Kompaß beobachteten Richtung der Fahrt entworfen wurden. Soweit der italienische Seehandel reichte, d. h. bis England und den Niederlanden, wurden die Karten immer getreuer. Darüber hinaus hatte für den Norden Europas Fra Mauro wohl nur unklare Mitteilungen, nach denen er den Verlauf der Landmassen entwarf. Der Darstellung Innerafrikas lagen Nachrichten des italienischen Handels, z. B. die Nennung von Timbuktu (Tombutu) und Nachrichten von dem christlichen Reiche in Habesch (Abassia, Amhara, Gogam, il presto Janne u. a.) zu Grunde, doch wurden jene Landschaften viel zu weit nach Süden verlegt. Für die Ostküste reichten die Erkundigungen über den arabischen Seeverkehr bis Soffala; indes war die Darstellung der Küsten nur auf Vermutungen gestützt. In der Zeichnung von Südasien mußte noch die Auffassung des Ptolemäus als Unterlage dienen, wenn auch

Fra Mauro von neueren Namen manches, wie Gucirat, Chalicut, C. Chomori den Mitteilungen italienischer Kaufleute und Glaubensboten entnehmen konnte. Für Ostasien, dessen Grenzen Ptolemäus noch nicht kannte, waren vor allem die Angaben Marco Polos maßgebend gewesen.

Eine genaue Bestimmung der Ortslagen durch Längen- und Breiten-angaben fehlt gewöhnlich noch im 15. Jahrhundert. Eine genaue Angabe der Breitengrade wagte man erst im 16. Jahrhundert; Längengrade kamen noch später dazu, weil es in jener Zeit noch an Mitteln fehlte, genaue Längsbe-stimmungen zu machen.

Die Zeichnung Afrikas auf der zweiten Tafel, der Seekarte, beruht dagegen durchweg auf Küstenaufnahmen der portugiesischen Piloten, soweit die Küsten-legenden reichen. Die einzige Ausnahme machen die Mondgebirge (Mons Lunae), an denen der Nil entspringt, und darüber der Priester Johannes (Prete Jam.). Zwar ist das Kartenbild von zahlreichen sich durchkreuzenden Linien durchzogen, die sämtlich von Kompaßrosen nach den verschiedensten Windrichtungen aus-laufen; aber es ist nur eine astronomische Linie, die Linie des Äquators (AEQVINOCTIALIS) stärker ausgezogen. Höchst befremdlich ist aber, daß nördlich von dieser Linie, die von Westen kommend an der Ostküste Afrikas endet, eine zweite, in Ostafrika noch stärker, am atlantischen Ozean schwächer werdende Linie herläuft, die einen zweiten Äquator vorstellt. Aus der Stärke der Linie im östlichen oder westlichen Teile Afrikas läßt sich der Schluß ziehen, daß der untere richtige Äquator für die atlantische Seite, der obere, falsche da gegen für die indische Seite des schwarzen Erdteiles gelten soll. Dieser Zwie-spalt erklärt sich nur so, daß der atlantische Äquator (wenn ich ihn so nennen darf) durch Astronomen, die 1483 von Portugal nach Guinea geschickt waren, festgelegt ist, daß dagegen der Indische, aus Mangel an neuen Bestimmungen vorläufig noch nach der Angabe des Ptolemäus genommen werden mußte. Der Kartograph hat beide von einander abweichende Angaben nicht zu ver-einigen gewußt und zu dem verzweifelten Auswege sich entschlossen, zwei Äqua-tore neben und über einander zu ziehen. Es ist der einzige bekannte Fall in der ganzen Geschichte der Kartographie und darum um so merk-würdiger. Er beweist uns aber, daß die vorliegende Karte bald nach der Rück-kehr Gamas entstanden sein muß, ehe die Portugiesen bei ihren alljährlich wiederholten zahlreichen Fahrten im indischen Ozean genaue astronomische Beob-achtungen gemacht hatten.

Zur Charakteristik der afrikanischen Küstenbenennungen, wie sie durch V. da Gama erteilt sind, mögen die Namen, von Natal an, hier, soweit sie zu entziffern sind, aufgeführt werden: terra de natall (Weihnachtsland), pescarias (Fischereien), punta (Spitze) de Sa. Lucia, medos deloro (Goldhügel), terra dos fumos (Land der Rauchwolken), rio da lagoa (Baifluß), agoa da bona passa (Wasserplatz des guten Friedens). C. das corentes (Vorgebirge der Strömungen), C. de S. Maria. C. de picell. ? ? San vistiam (Sebastian) Zafalla (Soffalla) rio de sam viceso (S. vicentius) rio de bon signale (Fluß